Dislocación

Amparo López Pascual

© De los textos: su autora
© De la ilustración de portada: Esperanza Marqués Merino
© De la fotografía de la autora: Inés Espinosa López
© Editorial Universidad de Alcalá, 2025
Plaza de San Diego, s/n
28801 Alcalá de Henares
www.uah.es

I.S.B.N.: 978-84-10432-16-1
I.S.B.N. electrónico (PDF): 978-84-10432-68-0
Depósito legal: M-9173-2025

Composición: Solana e Hijos, A. G., S.A.U.
Impresión y encuadernación: Solana e Hijos, A.G., S.A.U.

Impreso en España

Dislocación

Amparo López Pascual

Universidad de Alcalá

EDITORIAL
UNIVERSIDAD DE ALCALÁ

Índice

Viendo la carne tan cerrada y distante
me pregunto
qué hace allí la vida simulando

Blanca Varela, *Lección de anatomía*

Propio

Leí sobre una mujer que empezó a extrañar sus manos,
a sentir la ocupación de las sombras en cada movimiento.
Su lengua, salvaje de repente, era incapaz de precisar
la magnitud del miedo,
así que también dejó de hablar.
Sus gestos eran interpretados erróneamente
como el mal genio de los viejos,
falta de esperanza, de reconocimiento de su posición.
Creemos que la muerte es algo abrupto
pero es posible que quiera hacer las cosas muy despacio.

Voz

Dicen reconocer en mi voz a mi madre.
Cuando no me ven piensan que soy ella,
ella que ha vuelto,
que ha dejado cosas por decir,
pues se hereda la voz
como todo se hereda, aunque mezclado
por un azar curioso.
No hay nada de verdad que sea nuestro.
La voz es lo esencial, oímos sin mirar,
oímos como el único sentido.
Tienes una voz de azabache, oscura,
compacta, infranqueable.
Opaca.
Identidad que no puede cambiarse
por nada que no sea un padre o una madre.
Alguien antes.
Tienes la misma voz que ella,
por eso tiemblas
cuando hablas con quien la conoció,
porque no piensa en ti, no cree en ti.
Desapareces. Eres ella.
Intento desentonar, ser aguda,
pero me duele el músculo, me duele el paladar,
los ojos se humedecen del esfuerzo.
No, no son lágrimas.
La voz grabada no se escucha igual.
Intocable el recuerdo de una voz,
no como el recuerdo de una canción.
Eras solo una voz.
Una voz.

CUERPO EXTRAÑO

Todo lo que alimenta o se establece o toma terreno ha de
    considerarse parte sustancial de quien lo integra. Lo que se
    traga, se inserta, se recibe.
El buen anfitrión no pregunta sobre el origen. Ofrece, conforta,
    da lo que tiene.
Incorpora desde el principio. Primero una sola célula, luego las
    multiplicaciones,
y hasta el final es, la vida, un ejercicio de asimilación.
No puede hablarse nunca de cuerpo extraño, salvo esas veces que
    es tan repentino que no es posible encontrar un lugar para él:
una pluma de pájaro sobre la frente
viento que sopla desde un punto cóncavo
palabra de la que solo se oye el hueco
niño en conserva, inmóvil,
muertos que siguen creciendo más de lo que permiten sus
    pequeñas tumbas.
Tardan en obtener su carta de identidad, su acomodo. En ser
    comprendidos.
Cambia la voz, se altera la presión
y es inútil impacientarse,
hay que esperar hasta que encuentre su forma de arraigo.
A veces aún vuela, aún huele o se oye afuera
pero ya no asusta ni sorprende.

MUDA

Al despertar
noto la tensión enseguida,
debo estirar las manos poco a poco,
bordear el perímetro, descubrir la abertura.

A veces me levanto con heridas,
pequeños arañazos
que dejan ver un poco el interior
si no lo hago bien.
Con la boca mucho cuidado,
es lo que más me duele, la boca y parpadear.

Por eso no puedo dormir con nadie.
La soledad y el sueño van unidos.

Suelo romperme por la parte frágil,
usada, transparente.
Una pequeña incisión con mi uña,
la piel cede enseguida por ahí.
Tiro y me desenvuelvo
como cualquier otro animal maduro.
Esto lleva un tiempo variable,
según la superficie, según la resistencia.
Un poco de frío. Ya está.
El envés siempre se conserva fresco.
Mi madre se preocupa.
Es de otra escuela más sumisa,
la de las cicatrices y el desierto.
La de dejar sangrar.
Aprendió de la sed.
La madrugada del desprendimiento

se nos ve tan ingenuos,
desmemoriados,
pulidos, de otra raza más ligera.
Sin precipitaciones.
Alrededor de la boca hay señales
de algún tirón involuntario.
Si alguien va a besarme, ruego delicadeza, porque lo hacen
    siempre por primera vez.

SIGNE, EN BIRKA

Molesta siempre el mismo punto, la misma parte de la encía,
interrumpe el sueño, el tiempo.
Un yacimiento vikingo en Birka muestra la disposición curiosa
de un cuerpo, mandíbula de guerrera.
Desde un diente se puede establecer el alcance de toda una cultura.
Mujer, confirman, joven, de buena familia guerrera, alta, bien
    alimentada,
carnívora, con alguna infección tal vez de las mucosas,
fue enterrada con todos los honores, con sus caballos muertos
    para ella,
sentada y el ajuar de lucha alrededor.

No esperar a que la vida te traiga su muerte,
enfrentarte con todas las armas aunque no haya posibilidad de
    vencer,
salvo si vencer es rendirte, ser tomada, renunciar a cualquier
    martirio.

Imágenes de los dientes destrozados en una mandíbula rota,
prueba de que los valores del dolor persisten,
aunque hoy todo quede reducido
a pedir una cita urgente en el dentista.

Humor

Lo que me da más miedo es el humor.
Miedo, por si lo que he escuchado
no era ninguna broma.
Y quedarme con esta mueca puesta.

SUS REPETICIONES

Ella no deja de tocarse el pelo
hacia atrás, por la izquierda,
por la derecha,
lo recoge, lo estira, lo levanta,
hace una espiral sobre la cabeza.
Lo suelta otra vez, lo abre en dos partes,
lo enrosca en uno de sus dedos
lo libera y vuelve a enroscarlo,
da una vuelta alrededor del cuello
intenta sujetarlo inútilmente,
regresa al otro lado
lo lanza hacia la espalda, su lugar.

Él sigue con los ojos ese viaje.
Hace rato que está bastante mareado,
que no cuenta las vueltas
de ella y su cabello
y espera que se canse de hacer viento,
que hable de una vez
y que pueda entenderla de ese modo.
Hacerle su pregunta.

LA FALTA

Temprano se intuye la diferencia.
Te miran y comprendes que algo inoportuno
está creciendo ahí.
O no te miran
y sabes que te falta lo importante.
O te dejan ese hueco, al final,
sin ninguna pregunta.
Por eso empiezas pronto
a modelar tu prótesis
con saliva y con barro primigenio,
a ratos, en lo oscuro, por ensayo y error,
hasta lograr que no parezca
una ruina artificial,
que pierda ese color ajeno
y se aproxime
a un desencajado prototipo
que aceptas con orgullo pues nada sobresale.

Impresionista

Se han ido borrando algunas partes; otras se han matizado.
Resisten los colores aunque algunos son casi transparentes.
Para verme bien tengo que ponerme lejos, calcular la distancia
exacta para el enfoque. Solo lo hago por ellos, porque lleguen
a tener alguna imagen de mí y puedan saber con quién están
hablando, a quién se dirigen, conocer mi contorno, mis atributos;
por ejemplo, el doblez de uno de mis pies hacia adentro.
Hay un tiempo en el que la gente parece muy real, dice cuanto
piensa, no omite nada, cuenta todo lo que le sucede, tiene
muchos amigos y todos ellos son objetivos publicitarios, le gusta
mostrarse, le gusta que la luz inunde sus lugares, primeros planos,
le gusta decir y decir y decir su nombre, hablar de su oficio, tener
un pasado abundante.
Más tarde, atisbado cierto grado de fracaso, cada uno toma un
camino distinto, pero nadie persiste en el realismo atroz de la
edad de la confirmación, nadie en su sano juicio piensa que debe
seguir mostrándose en crudo. Es necesaria la reinterpretación
según la parte del sueño que haya quedado dañada. El caos o la
pureza.
Nos volvemos esquemáticos, expresionistas, abstractos, luministas
(los más orgullosos), surreales y algunos, como yo, impresionistas.
El estilo se adquiere.
El proceso podría llamarse erosión, una erosión colorativa,
imparable y radical.
No intimaría con alguien que solo consistiera en líneas y puntos,
esquematismo, reducción al marco esencial, que desechara todo
sentimiento o interés por el latido. Tampoco con un excesivo
expresionista.
La diferencia provoca la percepción de gente extraña en casa con
la que solo podemos mantener relaciones muy superficiales, como
si dos seres de tribus muy distintas intentaran intercambiarse algo

que no tiene sentido en la cultura de la otra.

Nada hay universal salvo el dolor, solo ahí podemos comprender exactamente.

Mi impresionismo no me facilita las cosas; por ejemplo, el médico dice que sea más concreta, que señale el lugar, que no termina de verlo, dice que en mí no tiene sentido hacer una radiografía, que no tengo peso, tal vez ni siquiera materia, solo cierto magnetismo.

No tiene sentido preguntar ¿cómo estás?

Hay que conformarse conmigo.

Puedo vivir perfectamente con las nociones elementales, no pretendo mucho más que cierto grado de luz y de distancia, y conceder a los demás la ventaja de hacer interpretaciones.

Sigo queriendo cuerpo pero sin sombra. Manchas rápidas, suficientes, a veces incluso sin que yo aparezca, solo una intuición.

Que lo esencial sea paisaje o decorado o fondo.

Miembro fantasma

En uno de los cuadros de la sala de espera
hay un hombre amputado,
le falta la mano derecha.
No la ha perdido,
regresará en forma de dolor
tiempo después.
Somos enteros
y de nada podemos deshacernos.
Es perversa esa imagen
en este lugar.
Hay más:
un dentista frente a una boca abierta
un médico que escucha a través de la espalda
Lección de anatomía del doctor van der Meer
(un cuerpo abierto y una multitud que lo traspasa).
Enfermos que desean otra cosa,
no una despedida.
(Imagino al pintor ajeno al sufrimiento
pensando en el color y en los matices).
Nada se olvida, nada cura
ningún dolor.

Tú serás en mí un miembro fantasma, me dolerás y sentiré tu
vacío cuando camine o cuando me siente a comer o cuando
vuelva a este mismo cuarto. Al girar para hablarte me dará un
tirón el pecho o el vientre, un desgarrón que ya no me dejará.
Cuánto aguantaré.

DE DÓNDE VIENE EL FRÍO

De dónde viene el frío,
de qué núcleo espiral
punto que queda en desabrigo.
La madre siempre estaba atenta a eso,
a las corrientes;
hablaba contra ellas,
ponía el corazón de espaldas a esa muerte.
Si se controla el viento de los cuartos
y la raíz de lumbre,
todo se salvará.
Beso antes de acostarnos,
hasta el amanecer dura el rescoldo.

La piel bajo el reloj

Dormida, su latido es otro corazón que me acompaña, bajo el vientre o bajo el pecho o bajo la garganta.

El día que se detiene es como un día de luto. El relojero (difícil encontrar uno auténtico) habla de una marca infalible. Le gusta su trabajo miope, revolver las tripas brillantes, encontrar el fallo y reparar delicadamente el defecto.

Solo es mecánica, dice.

Dos días para un nuevo corazón.

Mientras, la piel bajo el reloj enrojece por su desnudez, un frío casi letal, sin pálpito.

Escuece. Llora, interrumpe el sueño.

El relojero me lo entrega entre papel de seda, vivo otra vez.

Qué pasaría si tuviéramos varias vidas, una detrás de otra. Engarzadas. Qué sueño tan raro sería despertarse en el mismo lugar en el que la muerte trabajó.

El taller es una habitación oscura llena de estantes con cajones, herramientas minúsculas, lámparas y lupas. Un lugar donde acaba de ocurrir un pequeño terremoto. Dice: Esto es la extinción.

Un mundo sin herencias.

Mi noche vuelve a ser apacible y cálida. La piel bajo el reloj por fin respira.

El cuenco de la mano

donde reposa el libro,
donde hierve o florece un astro,
acoge algo ajustado, no violento,
muy bien medido,
mantiene el equilibrio sobre los desperfectos
de la materia. Anida.
Durezas en la parte inferior de cada dedo,
donde la resistencia,
líneas precisas y quebradas
la del amor la de la muerte la de la vida,
la vida es un resumen con ramificaciones,
el borde del anillo,
la claridad con la que explica.
Si no fuera por esa concreción,
por ese hueco que contiene
lo que cae del cielo,
qué tendría.
La forma que destaca una materia pobre.
Lo que es capaz de contener
por permitir que esto continúe.

ÓPTICA

Mis ojos por dentro son la luna, la luna con dos ríos de infinitos
    afluentes
silenciosos y estáticos, nadie diría que en su serenidad se cuece
esta gran película que inquieta.
Hundidos en el ámbar,
a cualquier hora obligan a la luz,
después se complacen en regentar mi sueño con su propia
    memoria.
Tan fieles a lo que juran haber visto.

SANGRE

Un punto.

Algo violento ese bermellón que aparece inesperadamente. Brota en la nariz, no se detiene, brota por cualquier parte practicable. Si hay sangre hay miedo, peligro, posibilidad de evacuación.

No puede perderse; es como si cortaran la luz al anochecer o el agua durante el día o te advirtieran de que oxígeno se está agotando.

Recuerdas a aquella mujer alta y pálida, muy delgada, que siempre hablaba de su enfermedad en la sangre, cuyos labios eran tan blancos que parecía no tener boca, solo agujero. Iba desfigurándose, desliéndose poco a poco, y tenía aquella voz fantasmal, a sílabas, respirando tras cada una de ellas. Muy alta. Esquelética. Siempre con el algodoncito en la nariz, a veces sucio, a punto de caer. Cuando iba a reírse se desencajaba.

Era como una de esas momias que descubren tras miles de años en su sueño, a las que le falta el pelo y el color en lo que estuvo tapado.

Murió después de mucho tiempo muerta.

Otro recuerdo, esas gotas de sangre estrelladas contra el suelo que seguían una ruta, un camino, y te obligaban a seguirlo a ti también y a imaginar qué había pasado. A veces solo gotas; otras, un pequeño reguero de vez en cuando y una mancha más grande que advertía de un drama mayor. Luego desaparecían de repente. Nunca se descubría el final. ¿Un perro, un hermano?

Control de la hemorragia. Aquella noche en el parto, todo decorado con múltiples parches sanguinolentos. Lo rojo invadiendo el acontecimiento, las manos de los médicos envueltas en una piel violenta y oscura. Todo salpicado.

¿Qué otro color dar a esto?

No hay que permitir ninguna filtración, nada roto en la fórmula de lo rojo, rojo brillante.

Algunas veces he cedido, me he comprado unos pantalones de pana rojos, un abrigo rojo, un jersey de algodón, hasta unos zapatos (Maruja Mallo ascendiendo desde sus zuecos).

Incómoda, pensaba en lo ruinoso.

El corazón haciendo tanto trabajo para mantener a lo rojo cercado. El corazón fuerte y ese gentío de hematíes enardecidos enviando un manifiesto de protesta.

Chupar la sangre con mi boca, traerla otra vez, no desperdiciarla jamás.

Ser de la sangre de quién.

En forma

Durante aquel tiempo
algunos empezaron a recortarse el cuerpo en casa.
La decisión no fue difícil, ya no dolía nada,
nada parecía propio, vivo, abierto.
Resultaba una tarea entretenida,
sin consecuencias,
como cuando a las verduras les quitan los hilos de los nervios
o se arrancan esas hierbas incultas entre los escalones.
Una revolución inapreciable.

HUÉSPED

La garganta tiene una piel más fina
que la que sube del esófago.
Siento un brote enterrado en ella,
inmóvil.
Parece que he tragado
algo que no quiere continuar.
Una piedra, un discurso correoso,
una palabra afilada.
Hablo y aguijonea.
Canto y atraviesa mis ojos
a lágrimas, mi voz
es un sollozo deformado.
No me duele. Solo me da pesar.

Sorprendente pelo

La peluquera advierte que se me está rizando el pelo.
Será la edad, se ríe, y continúa con sus armas sobre mí.
El pelo es lo que más cambia y lo que más nos cambia.
La gente a la que le gusta hacer zanjas en su vida lo primero que
 hace es ir a la peluquería
y transformarse en enredadera o fuente o pájaro de colores.
Confían en que por ahí llegue una revelación.
Las peluqueras son provocadoras e indómitas. Nadie puede con
 ellas. Siempre tienen un asunto en su pecho cóncavo para
 movilizar a cualquiera.
Habla de una de sus primas, una mujer con el pelo estirado hacia
 atrás tanto que la cabeza siempre mira al cielo. Eso quiere
 decir algo. Como si fuera un caballo de cuyas riendas alguien
 estuviera tirando para que se detuviera. Domándola.
No hay manera de convencerla de que deje de sufrir.
Hay mujeres que acuden cada semana, otras solo una vez al año.
 Igual que hay mujeres que lloran todos los días y otras nada.
Hay mujeres que no se dejan tocar. He seguido muchos rastros,
 dice.
Habla de la conservación. Las que piden que todo quede como
 antes son las más difíciles.
No hay manera de convencerlas de su error.
Aplasta mis nuevos rizos con un cepillo metálico y termina con
 los sublevados.
Aquí todo el mundo viene disconforme y se va algo más tranquilo.

LA HERIDA

Dices: mi herida,
la última
capa reventada.
Supura y hace ruido, hierve,
deja restos de púrpura
sobre lo blanco.
Cicatriz imperfecta.
Interrupción.
En el origen, un filo, una uña,
un enfrentamiento en el límite
de un cuerpo con cristales,
un salto hacia un lugar vacío,
sin fondo.
Quizá no sea una herida verdadera.
Dices: desproporción normal,
oleaje que empuja
el interior arriba,
erosión desde un núcleo
no controlado, una manía tuya,
¿quién no se hiere solo,
no se corroe con el tiempo?
Falta algo que no llega del futuro.
Empieza y rumia, empieza y encuentra
lo que no había sido visto, come,
intenta detener el derrame con la lengua.
Crece. Dices herida.
Ella te llama a ti el aniquilador.

¿SEÑORA O SEÑORITA?

Me entrego al funcionario, soy muy joven
y tengo que marcar
en el nombre inicial mi tratamiento.
¿Señora o señorita?
No crea, es un favor, por ser precisos.
No da lo mismo haber cruzado ya el umbral
que estar fuera en la puerta todavía.
Enfrentarse al rigor de los papeles
es una prueba más de resistencia,
tener que confesar algunas cosas
que han sido pacíficamente nuestras.
Tacharé todo,
solo pondré mujer o ninguna señal.
Que mi nombre desnudo se defienda
de la trituradora.

OBRA

Vinieron días de demolición.
Por las ventanas de las casas
salía ese fragor de obra y ajuste,
polvo y olor a ladrillo molido.
Enfermos desmembrados
iban palideciendo en las alcobas,
se rendían por partes,
primero prescindieron del luto y la memoria.
Solo necesitaban
tener la boca grande y bien desarrollada.
Marionetas desencajadas,
ahorcados que bailaban sin soltura.
Inútil guardar lo que se iba perdiendo
por si fuera posible cualquier día
la regeneración.

Análisis de lágrimas

Científicos esperan con su aguja de plata
la extracción de una dosis de lágrimas frescas
en el laboratorio hermético
que se asoma a un jardín
que se rebela al otro lado.
Es difícil extraer una lágrima
y más fácil que el paciente produzca
llanto espontáneo,
aprovechar entonces su tristeza
para obtener licor vivo y caliente,
nutricio caldo propio de biomarcadores.
Quién iba a decir que la pena
cambiaría el sistema sanitario.
Llore aquí, por favor.
Piense en alguna muerte inolvidable,
amor defectuoso, traición, una vergüenza,
un arrepentimiento.
Póngase en esa pena y avise cuando sienta
que no puede aguantarse.
Adoran a los dóciles llorones
con su pañuelo húmedo,
adoran a los niños
que solo con un gesto se desbordan,
a los desesperados.
Temen a los felices que se ríen por todo,
también en las tragedias,
que les echan a perder la mañana.
Lágrimas bajo el microscopio.
El respirar ansioso de la célula
en un solo suspiro.

HUELE

Abres la casa entera.
El viento la atraviesa de este a oeste
durante horas.

Deben ser las paredes
la mezcla del calor y la pintura
el aliento retenido, tal vez,
o esos sueños nuestros que supuran.

PULSACIÓN

Busco el lugar
en mi cabeza,
es un punto al norte,
a la derecha,
un punto exacto.
Ahí toco el latido
la rítmica alondra
que me vive, me alienta,
estoy ahí un buen rato,
el dedo suavemente reposado en la vida
de ese breve y único temblor
y constato yo misma mi yo misma.
Nunca se para,
si lo hace, no lo sabré.
Duermo así, en esa postura viva,
con esa letanía incólume.

ELEMENTOS ASÍ, TAN AZAROSOS

Los dedos de los pies siempre fueron extraños,
parecen cortados al terminar
la obra,
cuando ya estaba hecha la figura,
un momento añadido en que el autor
se vuelve original
y decide trazar otro camino,
poner su marca, disparar;
se radicaliza,
hace unos cuantos tajos desiguales,
incisiones en las que persevera
hasta que ve la pérdida
que ya no puede corregirse.
Algo muy frágil
al borde de un pesado cuerpo,
un gran defecto.

Lo defiende:
el diseño aligera el prototipo,
permite ser flexible en la postura,
le asegura equilibrio.
Se le ocurre
el borde luminoso de las uñas,
una genialidad compensatoria.
Cuando algo no se sabe muy bien
para qué sirve,
siempre puede ser una obra de arte.

Barbarie ingenua del doblaje
Robert Bresson, *Notas sobre el cinematógrafo*

Movemos los labios sin ajustar
la forma del sonido
vocalizamos verbo
cuando queremos decir otra cosa
dar forma y espacio
a palabras distintas.
Tal vez esa diacronía
sea el verdadero lenguaje,
núcleo que queda fuera,
que intenta desasirse de sus capturadores.

Otra cosa en el lugar del hueso

Le quedará un andar disperso,
como de animal al acecho
que tantea, nada seguro,
sobre el suelo de barro.
Se notará la falta
en la incertidumbre del paso.
La verán caminar temiendo la caída
al más ligero viento,
a la mínima ondulación del suelo
si aleteara cerca un pájaro.

Dirán que es una niña para el aire o el agua,
después de la extracción,
a caballo entre especies.

PARASITADA

Lo noto hace días.
Recorre mi cabeza
de norte a sur,
inquieto.
Excava suave
en los lugares más calientes.
Duerme unas horas,
resucita y trepana.
Pero no tengo miedo,
he vivido otras veces
así, parasitada.
Es una forma de reconocerse.

No puede habitar el daño en la belleza

Pasó toda la noche insomne por la huella de la espina en el borde
    de la mano.
Lo que no habían conseguido las mejores lecturas,
las citas más tempestuosas,
la más profunda filosofía y sus escuelas,
lo consiguió un brote de aliaga de hermosas flores amarillas
que tomó sin cuidado pensando que esa belleza era absoluta.

Exploración

Algunos abultamientos recientes
sugieren la necesidad
de un nuevo estudio cartográfico
más preciso.
Barrancos y crestas,
probables núcleos en ebullición,
sinuosos declives
requieren actualizar sus nombres,
consagrar ciertos emplazamientos,
hacer un registro completo
de lo modificado.
No tengas miedo. Aprende
tu nuevo nombre con las manos.

ZAPATOS

Los zapatos practican su deriva
insurgente: llevarme a otro lugar;
abandonan la ruta que les marco,
se mueven por capricho.
Mis pies lo intentan pero ellos se escoran,
se inclinan, desvían mi peso.
Hago un gran esfuerzo por reconducirlos.
Según madura el día van cediendo,
como esos dóciles perritos
que aceptan la cordada,
se dejan convencer y rectifican
y asumen que la acera es su lugar.
No debo fiarme, bastará que simule
un pequeño parón o un descanso
para que hablen entre ellos y otra vez
se pongan como locos.
No parecen apropiados para esta ciudad estanca
pues decididamente son salvajes.
Me habían advertido sobre la piel de corzo,
pero nunca escucho los consejos de los vendedores.

Picadura

Me despierto con ardor en la pierna, oprimo un pequeño abultamiento volcánico, algo que rompe la uniformidad.

Enciendo la luz.

Es una picadura reciente, hay alguien más aquí que duerme conmigo, otro animal que busca saciarse.

Miro alrededor, separo la sábana de flores, la colcha de mar y peces, me levanto y estiro la sábana verde de abajo que simula la hierba.

A quién se le ocurre dormir entre esa variedad de ecosistemas.

No hay por qué tener miedo, de qué asustarse, mientras no sean criaturas inventadas, restos de algo incorpóreo, no hay de qué. Todo es real.

No veo nada en mi simulación de hierba, no escucho nada aunque sé que algo vuela o ha encontrado un refugio después de haberse alimentado de mí.

El verano es impuro.

Vuelvo a tumbarme en la cama, un lugar nada pacífico por su manera de engañarnos, de inducirnos a la muerte en sus ensayos.

Es otro cuerpo vivo la cama, por lo menos unos brazos, algo que sujeta.

La señal de la pierna se deforma, se hincha.

Vuelvo a apagar la luz aunque sé que él espera allí, cerca de la hierba. Yo también espero.

WONDERLAND

Miedo como el de Alicia
a no poder calcular el tamaño del lugar que necesito.

Aliento

Respiro un mar invisible, disuelvo,
doy vida y desvanezco y resucito.
Con las manos en cuenco hago una hoguera,
traigo a mis hijos hasta el corazón,
les procuro esta cueva alcoba,
les fabrico un origen.
Soy ese rítmico viento que no cesa, que habla en oraciones, que
    santigua. Que forma los relieves. Que expulsa la amargura.
Estar cerca de otro aliento es el amor, recuperarse con lo que trae
    y regala. Erigir un gran puente de una boca a otra.
No había diferencia entre nuestras respiraciones. Un solo pulmón.
No pienso en el desgaste, sigo calculando el calor que produzco,
    envío esa corriente cálida que alienta las transformaciones.
    Soy la creadora.

Respetar el encuadre

Intervenir directamente bajo el cráneo, llegar a la amígdala,
transformar la estructura mediante una punción.
El reto está en la manipulación interna,
no desvirtuar la realidad, modificar el sistema operativo
nada más.
Configurar esta sonrisa estanca
exactamente igual todos los días.

Dejar de respirar por un momento

Se pide que anotemos ideas creativas
para después del fin:
apoltronarse sobre las cenizas
esperando ser ceniza,
viajar a otro planeta más vistoso
con púas y desiertos,
el traje y el estómago adaptados
a la noche perpetua.
Reclamar a los dioses su venganza
y obedecer sin queja.
Ceñir nuestra necesidad
a casi nada:
mirar, estar al sol,
como después de una gran fiesta
en la que habremos derrochado ingenio
y despropósito,
perplejos por la discontinuidad.

PENDIENTE

Barrido diario sobre la superficie
en busca de irregularidades.
Centímetro a centímetro tanteo
el estado de una región
donde nunca hay silencio.

MANOS EN SU GUANTE

No me confiesan nada todavía,
manchas minúsculas,
nudillos arrugados.
Siguen siempre con hambre,
lo que ellas habrán visto,
habrán tocado.
Son las artífices de mi heredad,
son mi nombre, mis restos.

Guantes para vestirlas.
Añoran viejos tiempos de seda
y discreción, roce y escalofrío.
En los escaparates los colocan en fila,
me detengo a mirar su colorido orden,
riqueza de lo imprescindible,
ellas se ponen nerviosas pensando
en un prometedor vestuario de invierno.

No quiero dar la mano, ir de la mano,
consumar una traición y traer
al otro hasta mí. Esa cercanía.
Ofrecidas al amor, la escritura,
la comprensión y el gesto,
nunca para lo inútil.
Mejor sin lengua que sin manos.

Elijo los guantes negros de fieltro suave,
con una pequeña rosa rosa en el extremo del cúbito,
ellas empiezan a hacer tonterías nada más ser envueltas
como dos niñas que estuvieran esperando su primera fiesta.

Ardemos juntas.

DE MÁS

Un latido de más de vez en cuando.
Qué incómodo es ser agradecido.

Marcas que formulan una definición

Esta es la señal de la silla en que me siento.
Esta es la marca de las palabras más frecuentes.
Toda piedra se desgasta.
Esta es la señal del sol de este verano.
Este es el roce con el libro de Müller
(dormí con él un par de noches,
no me hacía a su cuerpo).
Esta es la línea del viento último,
esta de la lluvia tormentosa de hace una semana
que hizo palidecer a las autoridades,
que reventó surcos antiguos.
Esta es la frontera de mi desierto,
nadie llega hasta aquí
ni un solo animal.
Este es el rumor de mi aliento
tan rítmico que aleja la sospecha.

Entrega

Esta impureza de esfumarse
por partes, ir perdiendo
lo menos necesario,
aguantar y hacer ajustes
por ser consecuentes con la gravedad,
pesar el equilibrio.
La primera pérdida casi es una cesión,
un orgullo, mírame lo perforado
que me traspasa, me vuelve diáfano,
bilocación,
mitad vivo mitad muerto.
Las que siguen van inventariándose
con una cruz.

La envidia es el líquido en el que flotan los restos,
ahora es aún, ahora es me pertenece,
ahora es respira, contén
esos viejos engarces de organismo
reblandecido, rotos,
ese lamento áfono
por no volverse nunca transparente.

Sobre el nácar del plato, el esqueleto admirable del pez, todo rigor y armonía, sin señal alguna de sufrimiento, como si su misión fuera solo el diseño limpio de un recuerdo. No el alimento. Una vez tragué una espina y el médico tuvo que extraerla. Me la entregó en un tubo transparente que conservo y miro algunas veces. ¿Me pertenece a mí o al pez?

Esa imagen de mí bailando
María Negroni, *La jaula bajo el trapo*

Una mujer cuenta que lleva dos implantes en la cadera, uno más viejo que otro, y que camina sin notarlos. Recuerda todo el dolor antes de las operaciones. Se queja de que no puede correr mucho. Si, por ejemplo, quisiera alcanzar un autobús, tendría que conformarse con dejarlo pasar y tomar el siguiente. Pero, excepto por eso, ahora vive feliz, aunque sueña algunas veces que va entre espigas corriendo por el campo o que baila de puntillas y da pequeños saltos o que se desliza por encima de las olas y no pesa nada, absolutamente nada. Como si fuera aún una niña, dice, y aún fuera mío todo.

EL CEREBRO HACE SU PARTE
CUANDO LA LUZ FRACASA

Los ojos hacia un lado, la sonrisa hacia el otro,
no sugiere ningún punto de fuga,
sigue una curva alejada del arte,
estridente,
no respeta ninguno de los principios básicos
de la composición,
pero nos acercamos a la fotografía,
ahora vieja y nuestra,
para recomponerla como exacta
en su hermosura.

Me levanté sin que se dieran cuenta
y salí sin hacerme notar.

Julia Uceda, *La extraña*

LA DESAPARECIDA

Me pliego enseguida como esas flores a las que te acercas y
retroceden de inmediato,
me vuelvo con facilidad muda, invisible, y no hay modo de
acceder.
Despojada, me he ido a otra parte dejando aquí el testigo carnal
que no puede ir conmigo a lugares que suelen ser frágiles, sin
materia, planos de otra realidad.
Personaje con el cráneo abierto que no hila bien razón y deseo.

Dejo que la carcasa se defienda sola y le sale ese silencio de
calavera,
conformidad que parece de piedra, catalepsia terrorífica.
Ni mi memoria es capaz de devolverme a las coordenadas
correctas,
tal vez solo algunos recuerdos, una advertencia de mi padre,
un grito de un tiempo ya fosilizado, la incredulidad de que
la historia se haya partido, que ocurran esas cosas que son
como tajos entre un instante y otro,
una guerra, una catástrofe o una palabra que ha rotado su signo.

Regreso y todo parece volver a establecerse. Hago favores, replico
promesas, planes de viaje, recupero el tono y la fuerza, el
teléfono, mi libreta, la voz.
Asiento,
me comprometo,
respondo a mi nombre atardecido.